westermann

Geometrie

Erarbeitet von

Judith Beerbaum, Anja Göttlicher,
Sarah Pfleger, Britta Wettels
und Stephanie Zippel

in Zusammenarbeit mit der
Westermann-Grundschulredaktion

Unter Beratung von

Henrieke Peter, Debbie Stier,
Jutta Telschow und Britta Wagenhuber

Illustriert von

Angelika Citak, Friederike Großekettler
und Karoline Kehr

Flex und Flo
Mathematik

1

Zeichenerklärung

 Male/Zeichne mit der entsprechenden Farbe.

 Streiche durch, was nicht passt.

 Ordne zu.

 Kreise ein.

 Kreuze an.

 Benutze Material.

 Bearbeite die Aufgabe in Partnerarbeit.

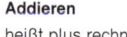
Addieren
heißt plus rechnen.

Hier steht ein neues Fachwort.

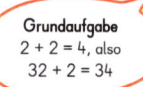
Grundaufgabe
2 + 2 = 4, also
32 + 2 = 34

Hier steht ein neues Fachwort oder ein neues Beispiel, wie du über Mathematik sprechen kannst.

 Verweis auf passenden Diagnosetest im Flex und Flo Diagnoseheft 1 (Ausgabe 2021)

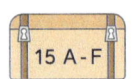 Verweis auf passende herausfordernde Aufgaben in der Flex und Flo Entdeckerkartei 1 (Ausgabe 2021)

 Verweis auf passende Übungen auf den angegebenen Seiten im Flex und Flo Trainingsheft Interaktiv 1 (Ausgabe 2021)

 Aufgabe aus dem Anforderungsbereich I
Reproduzieren: erfordert Grundwissen und das Ausführen von Routinetätigkeiten

 Aufgabe aus dem Anforderungsbereich II
Zusammenhänge herstellen: erfordert das Erkennen und Nutzen von Zusammenhängen

 Aufgabe aus dem Anforderungsbereich III
Verallgemeinern und Reflektieren: erfordert komplexe Tätigkeiten wie Strukturieren, Entwickeln von Strategien, Beurteilen und Verallgemeinern

 Einführung von Fachwörtern oder Redemitteln
Eine Sammlung der im Heft eingeführten Fachwörter und Redemittel zum Nachschlagen findet sich auf der letzten Doppelseite und der Beilage „Fachwörter und Redemittel 1".

 Medienbildung und Mathematiklernen verbinden
Anregung zur Bearbeitung mathematischer Lerninhalte mit digitalen Werkzeugen

Inhaltsverzeichnis

Wahrnehmung – Wimmelbild

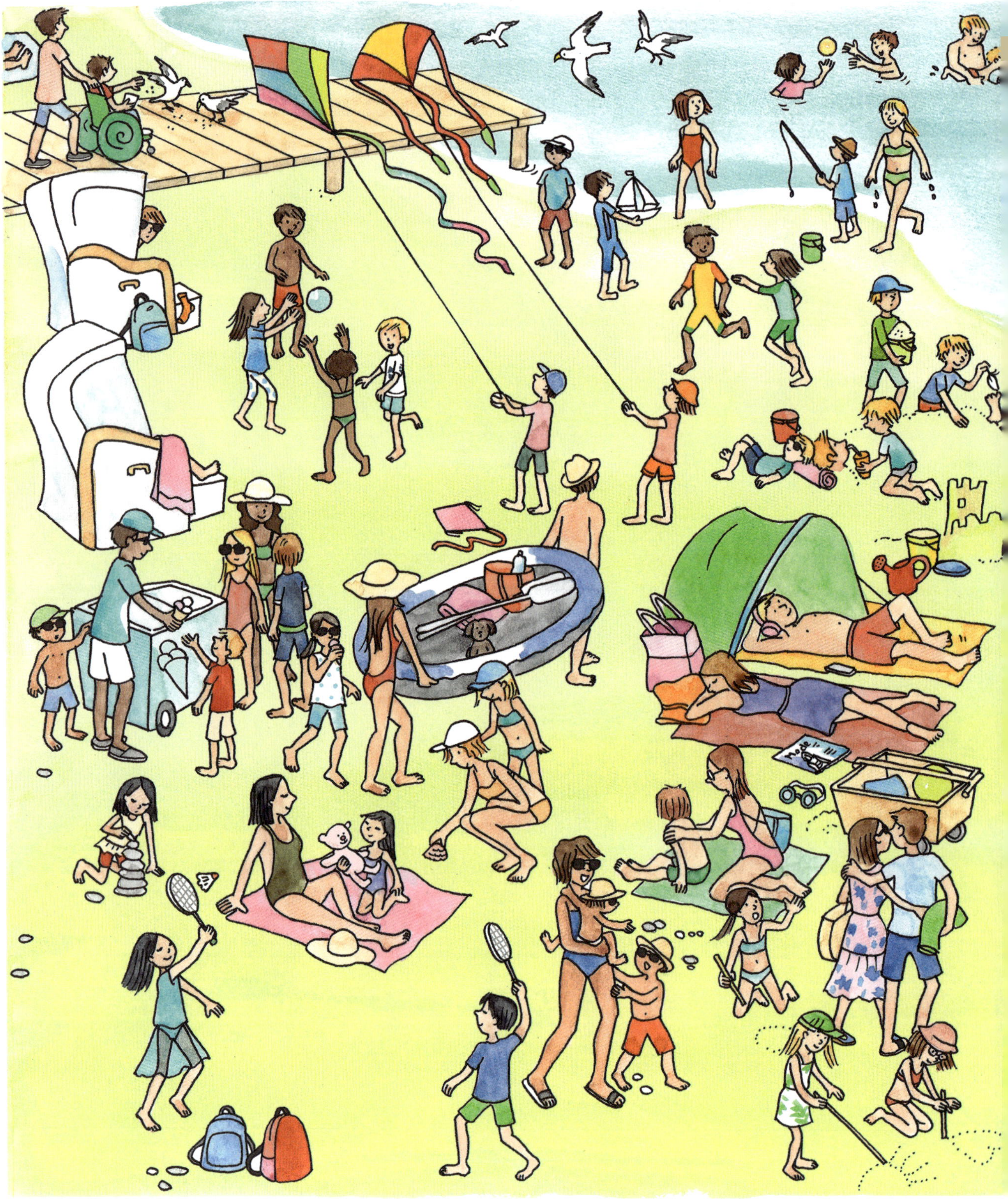

1

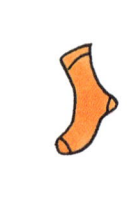

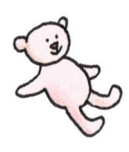

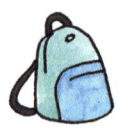

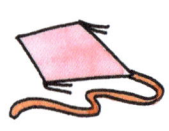

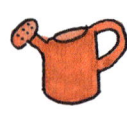

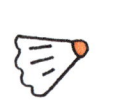

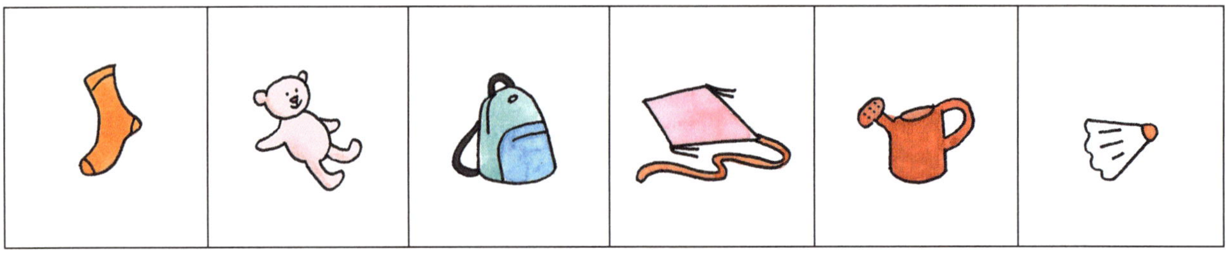

Partnerarbeit: Gegenseitig eigene Suchaufgaben stellen.

Datum: _____

1

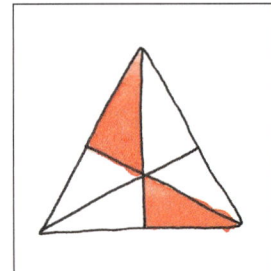  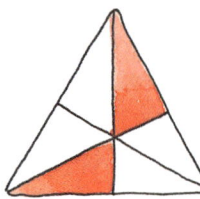 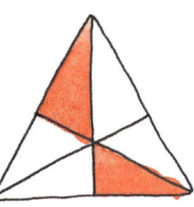 

1 Nur ein Bild passt.

1 Finde den richtigen Flo.

2 Finde den richtigen Flo.

3 Finde den richtigen Flex.

Datum: ____________

1

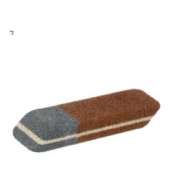

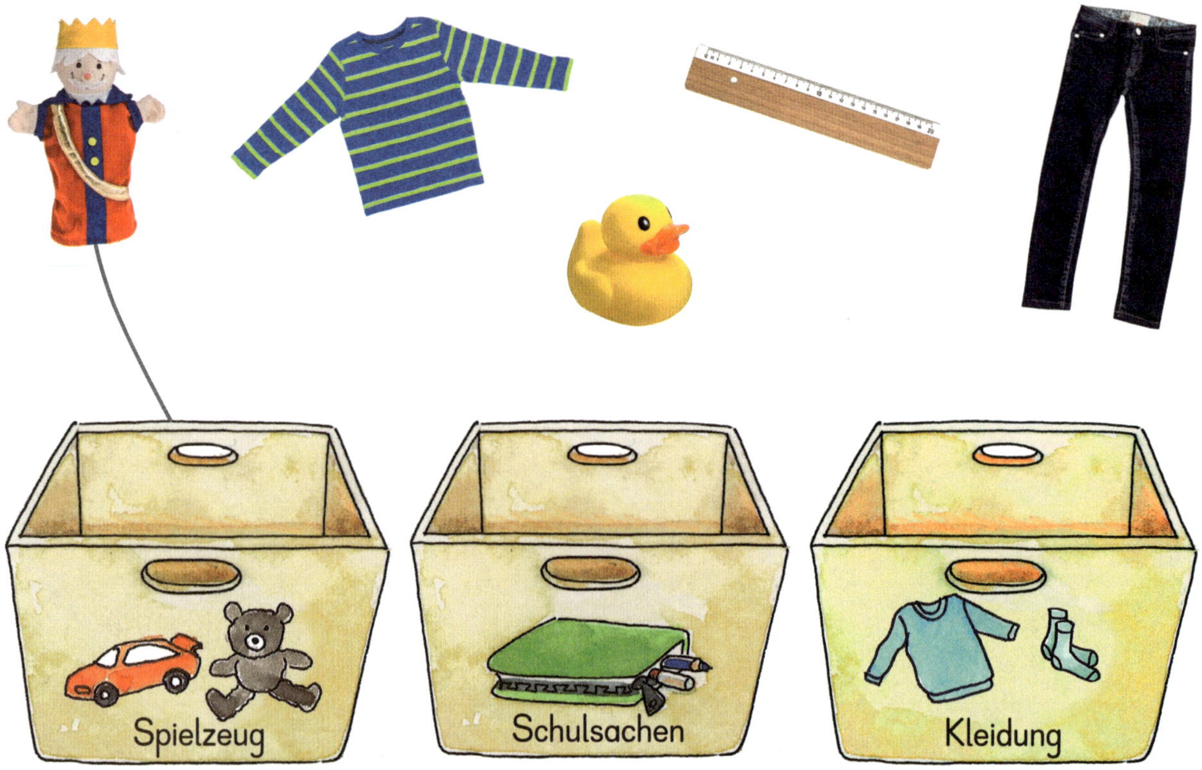
Spielzeug
Schulsachen
Kleidung

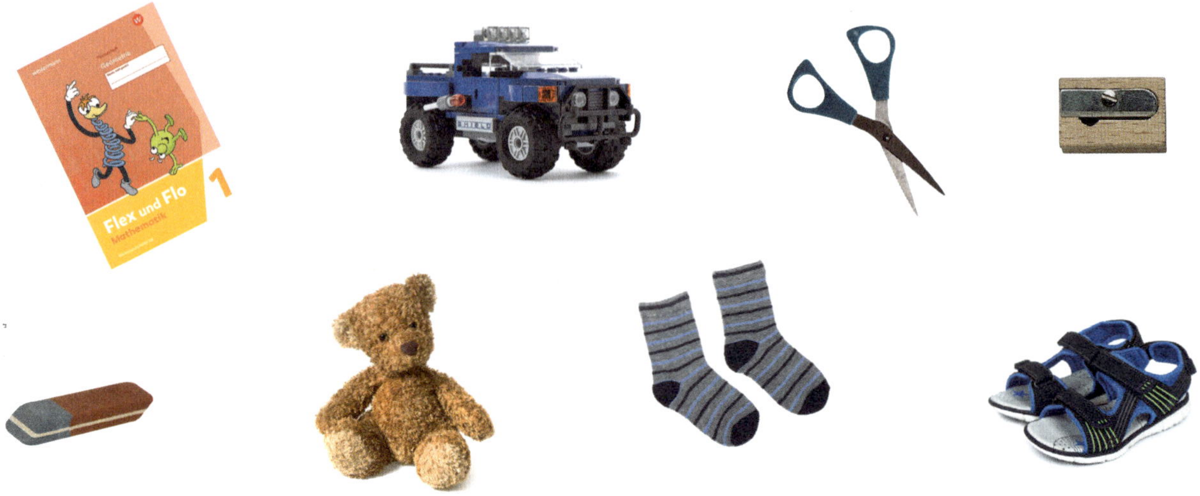
Flex und Flo
1

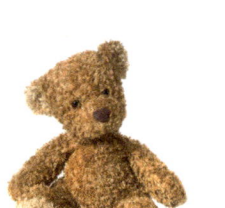

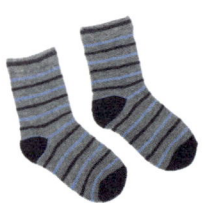

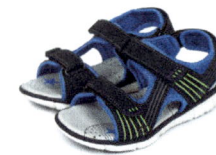

2

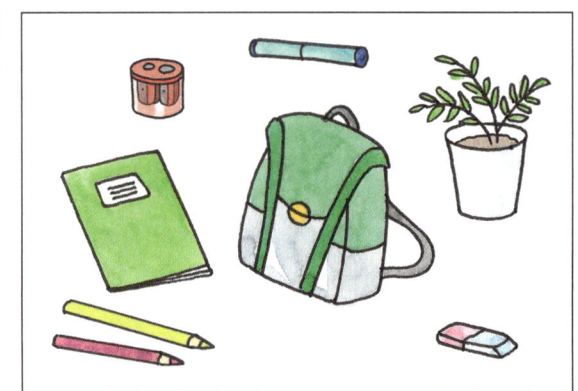

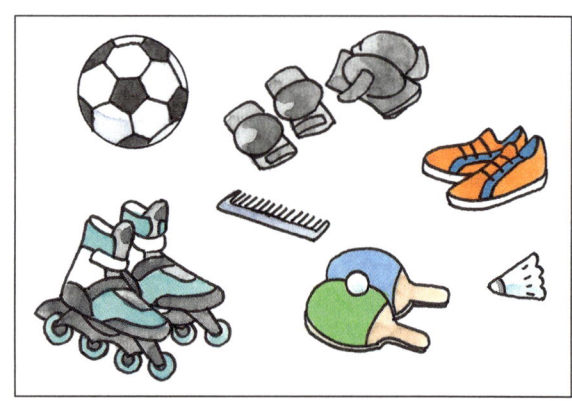

2 Was nicht passt, durchstreichen.

Fotografie: Eigene Sammlungen wie in Aufgabe 2 zusammenstellen, fotografieren, präsentieren und Fehler finden.

Datum: _____

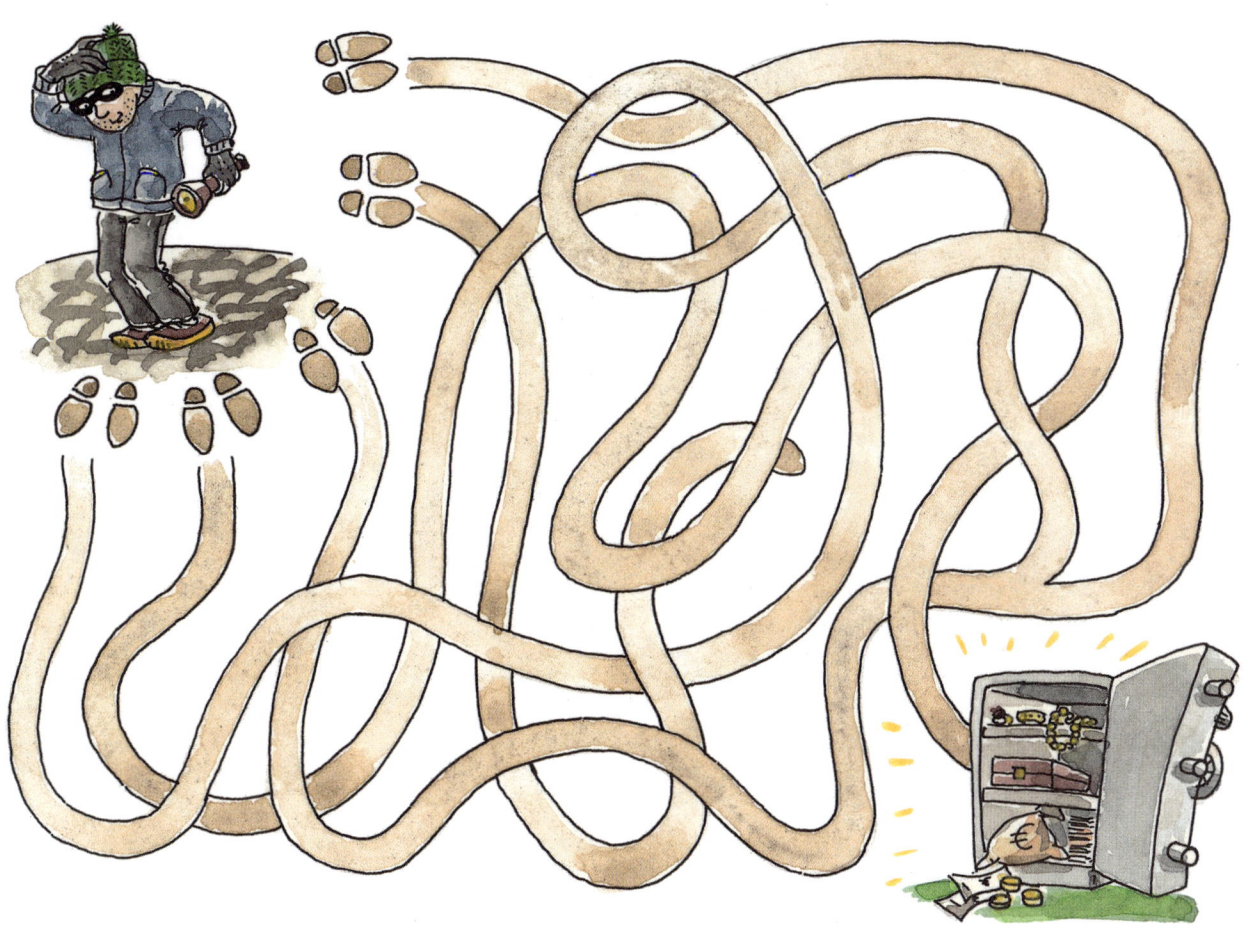

1, 2 Den Weg erst mit den Augen verfolgen, dann nachspuren.
Welcher Weg führt zum Tresor? Welches Kind bekommt welches Eis?

Datum: _____

1 ✏ links   ✏ rechts

2 ✏ links   ✏ rechts

🔊 **Audioaufnahme:** Bewegungsanweisungen aufnehmen und nachmachen, z.B. „Stampfe mit dem rechten Bein!"

1

 links    rechts

  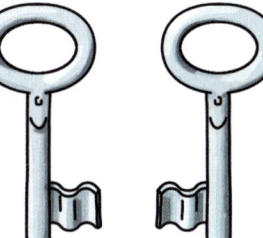  

2    links    rechts

3    links   rechts

Datum: _____

Mia   Sven

1 Was sieht Mia 👧 links ✏️ , was rechts 🖊️ ?

☐ ☐ ☐ ☐ ☐

2 Was sieht Sven 👦 links ✏️ , was rechts 🖊️ ?

☐ ☐ ☐ ☐ ☐

3

Mia	X			
Sven				

1

2

		X	

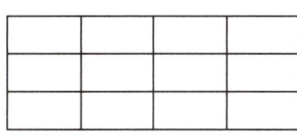

G1

1 Bild von links nach rechts übertragen.
2 Lage der Gegenstände im Plan markieren.

Datum: _____

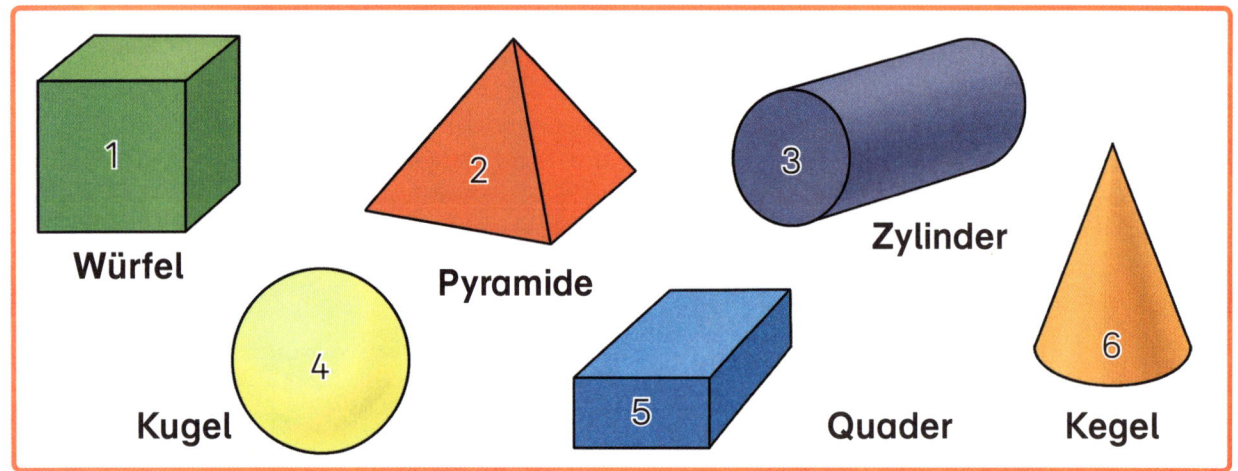

1 Würfel	2 Pyramide	3 Zylinder	4 Kugel	5 Quader	6 Kegel

1

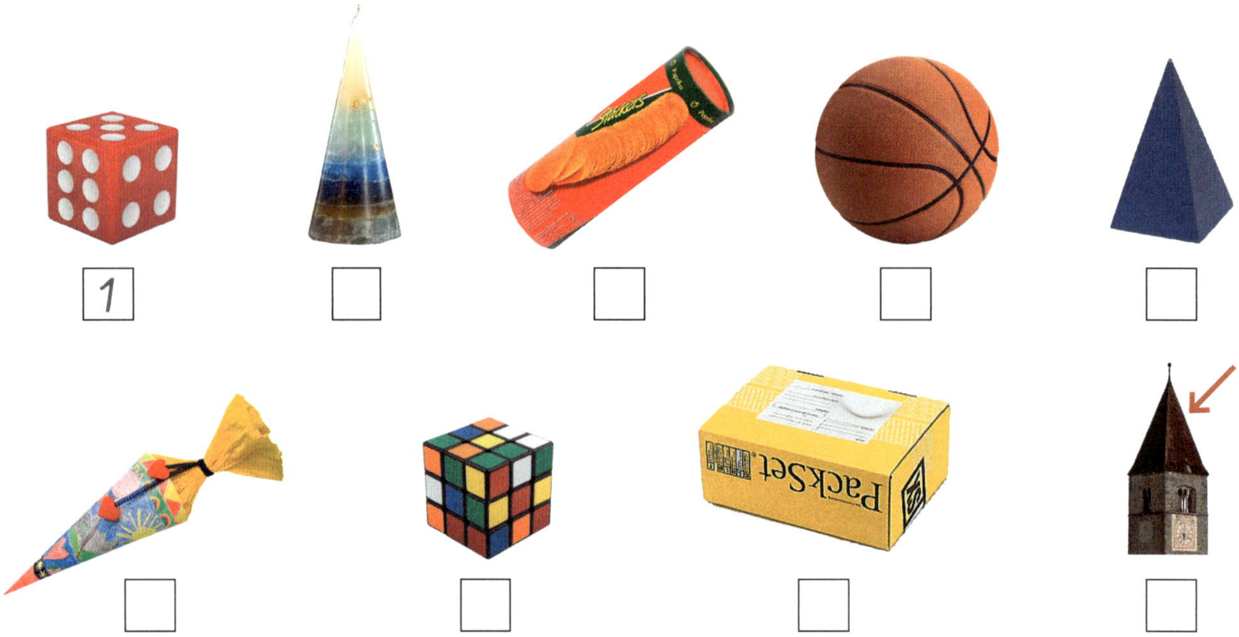

`1`	☐	☐	☐	☐

☐	☐	☐	☐

2

rollt

steht

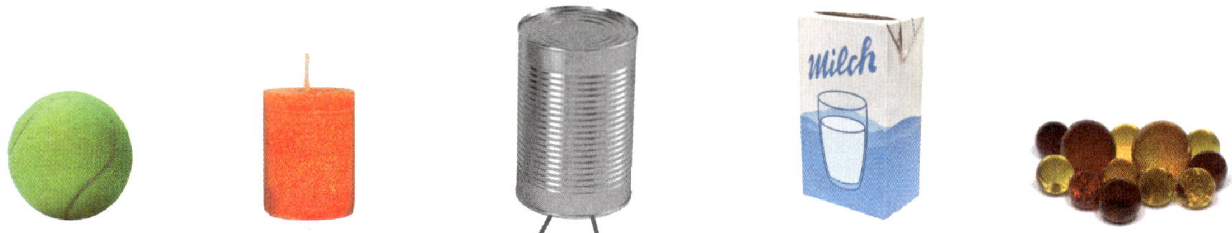

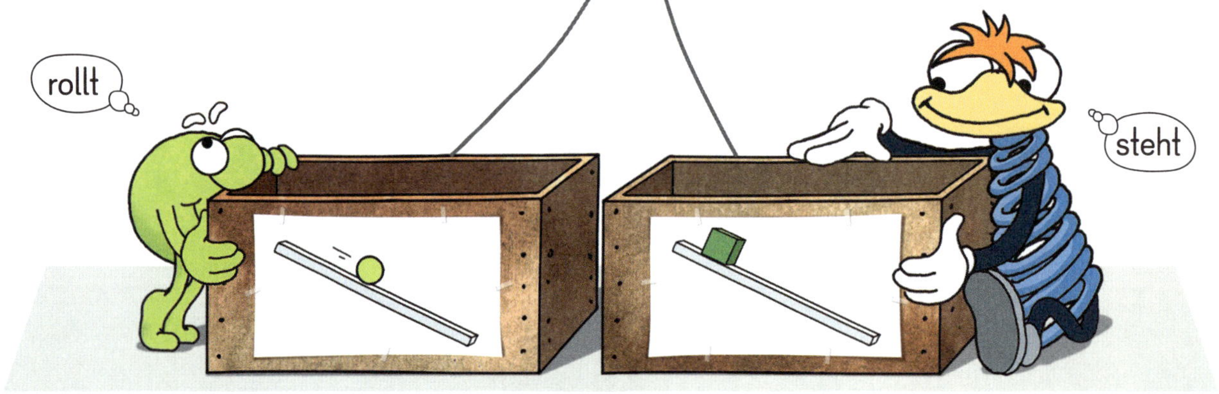

1 Nummern der Körper eintragen.
2 Körper nach den Eigenschaften „Rollt" und/oder „Steht" sortieren.
📷 **Fotografie:** Repräsentanten für Körper in der Umwelt suchen, fotografieren und präsentieren, ggf. ausdrucken und ein Merkplakat erstellen oder für eine digitale Pinnwand nutzen.

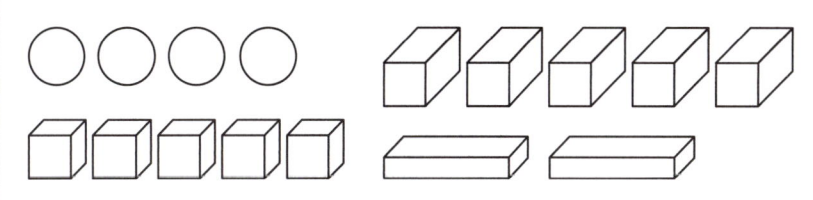

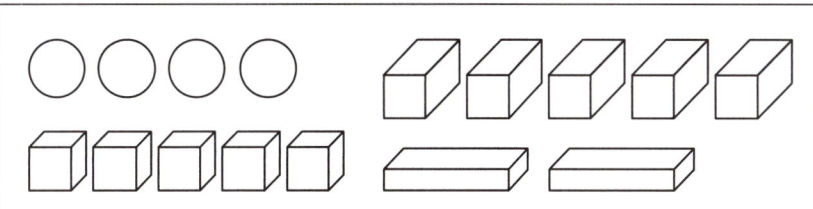

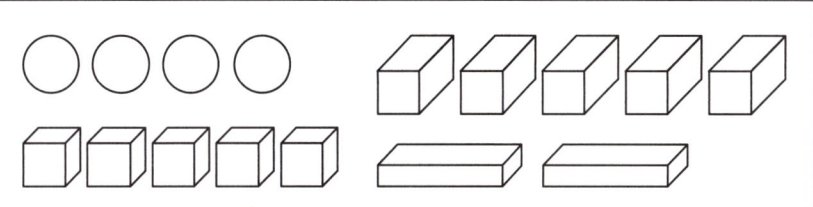

2

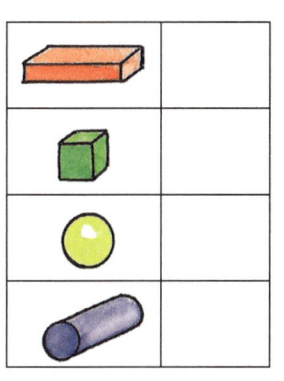

1 Körper färben, die zum Bauen benötigt werden.
2 Körper zählen.

Datum: _____

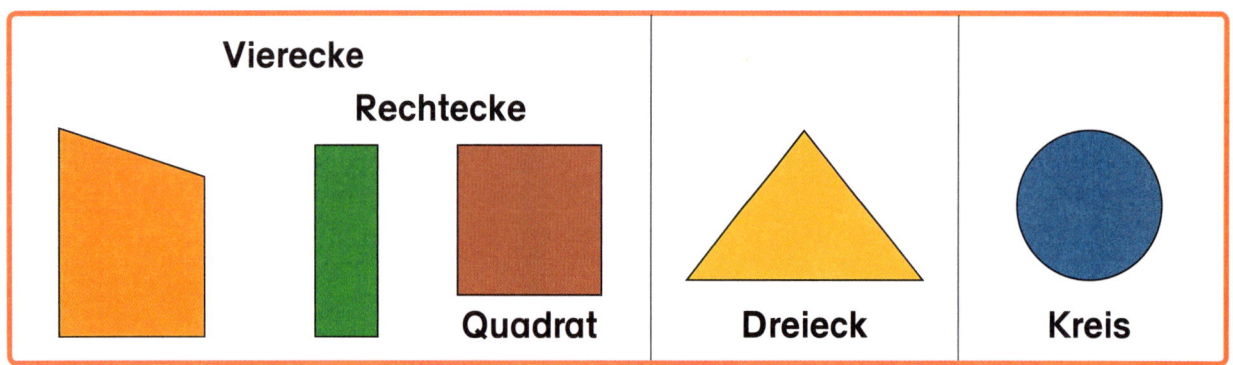

Viereecke
Rechtecke
Quadrat   Dreieck   Kreis

1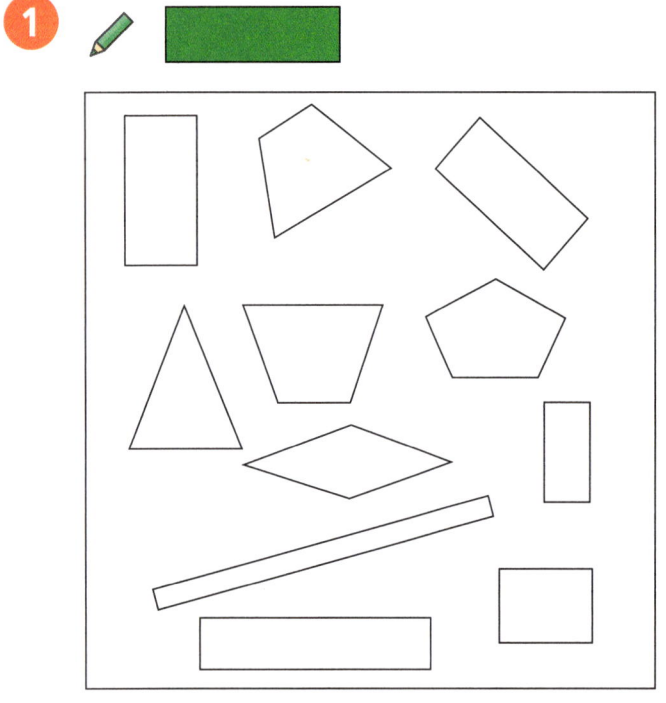

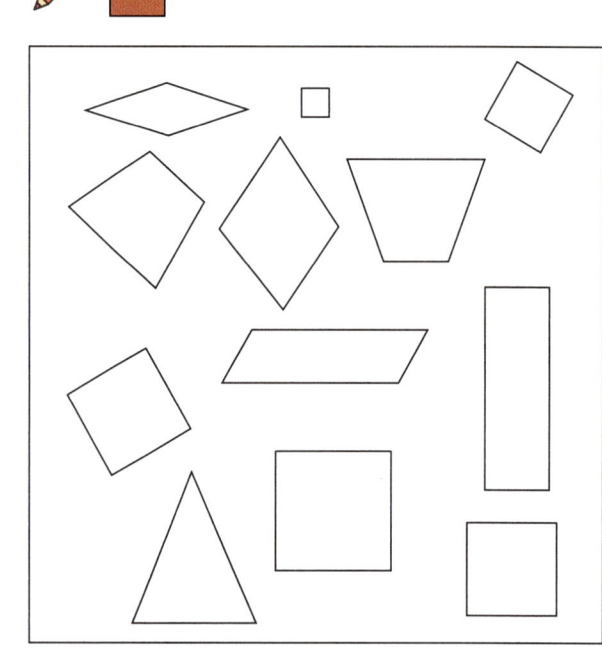

2

1, 2 Angegebene Formen entsprechend färben.

Datum: _____

1 An welchen Gegenständen findest du solche Flächen?

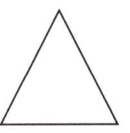  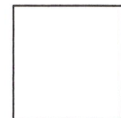 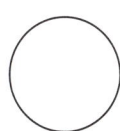

2 Welche Flächen gehören zum Quader ① welche zum Würfel ②? Färbe sie.

①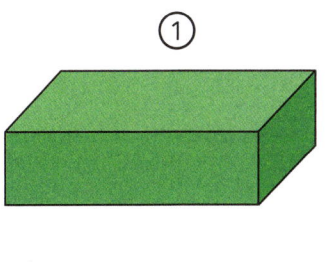

②

 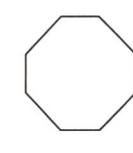 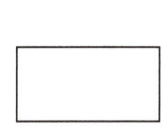 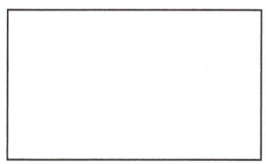

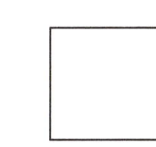  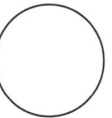 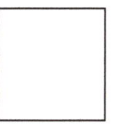  

Auslegen

1

2

1, 2 Figuren mit kleinen Plättchen der Beilage auslegen.

Datum: _____

1

⬜	◻	◣	◺
0	0	2	0
0	0	1	4
0	1	1	2
0	2	0	4
0	1	0	6
0	4	0	0
1	0	0	0

2

⬜	◻	◣	◺
0	4	0	4

3

⬜	◻	◣	◺

1 Figur mit vorgegebener Anzahl von kleinen und großen Plättchen der Beilage auslegen.
2, 3 Figuren mit kleinen und großen Plättchen der Beilage verschieden auslegen.
Plättchen zählen und Anzahlen in die Tabelle eintragen.

1

2

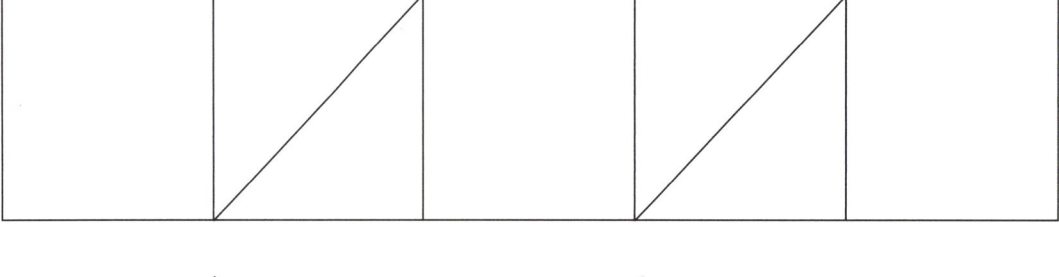

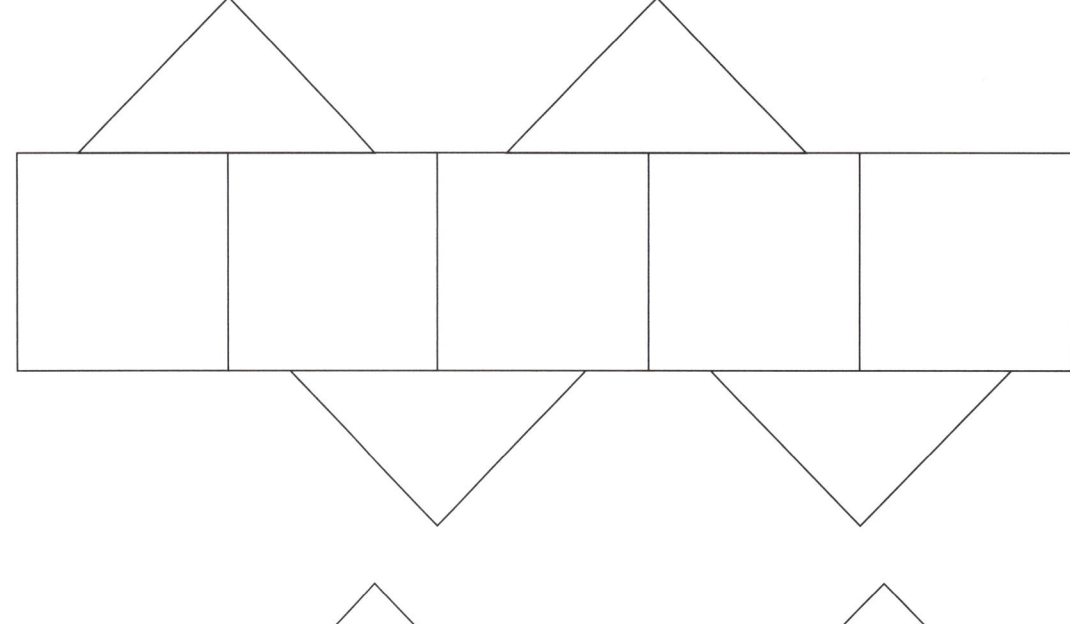

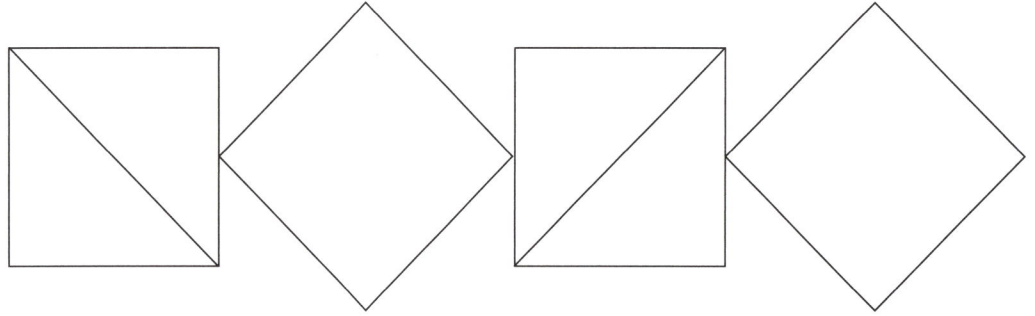

1, 2 Muster mit kleinen und mittleren Plättchen der Beilage legen und färben.

🖼 **Fotografie:** Eigene Muster legen, fotografieren, präsentieren, nachlegen und fortsetzen.

Datum:_____

2 Muster fortsetzen.
3 Quadrate, Kreise, Rechtecke, Dreiecke farbig umfahren.

S. 61   17 A-E   **21**

Datum: _____

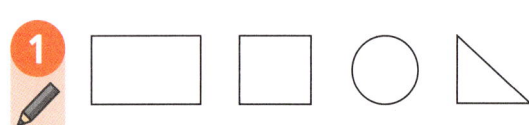

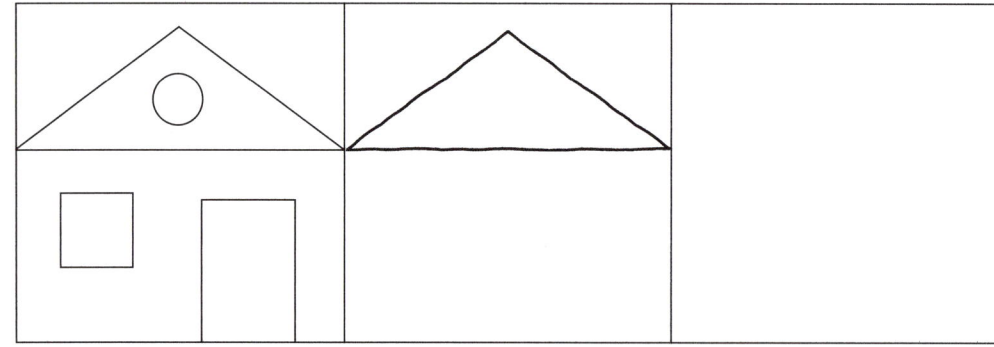

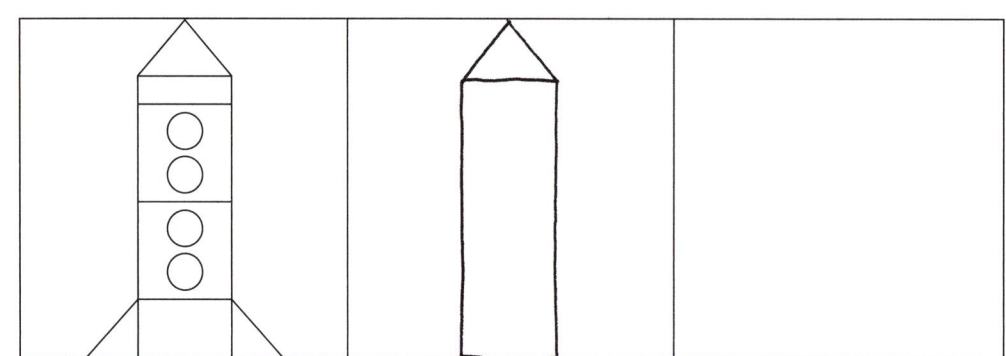

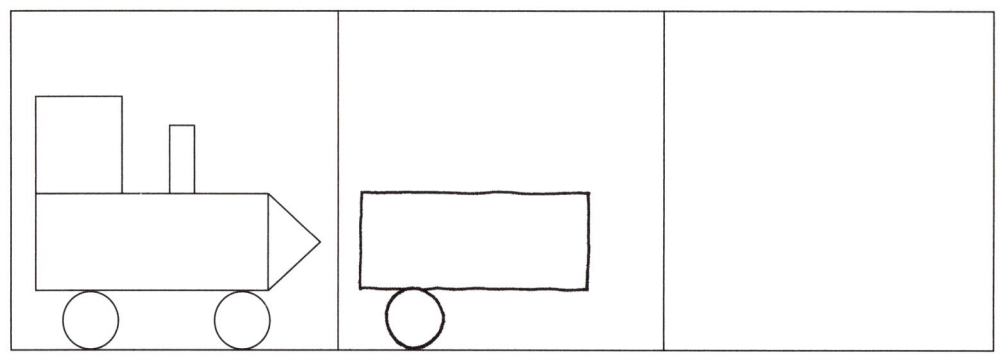

2 Kopiervorlage für Linkshänder in der Handreichung/BiBox für Lehrer/-innen.

Muster zeichnen

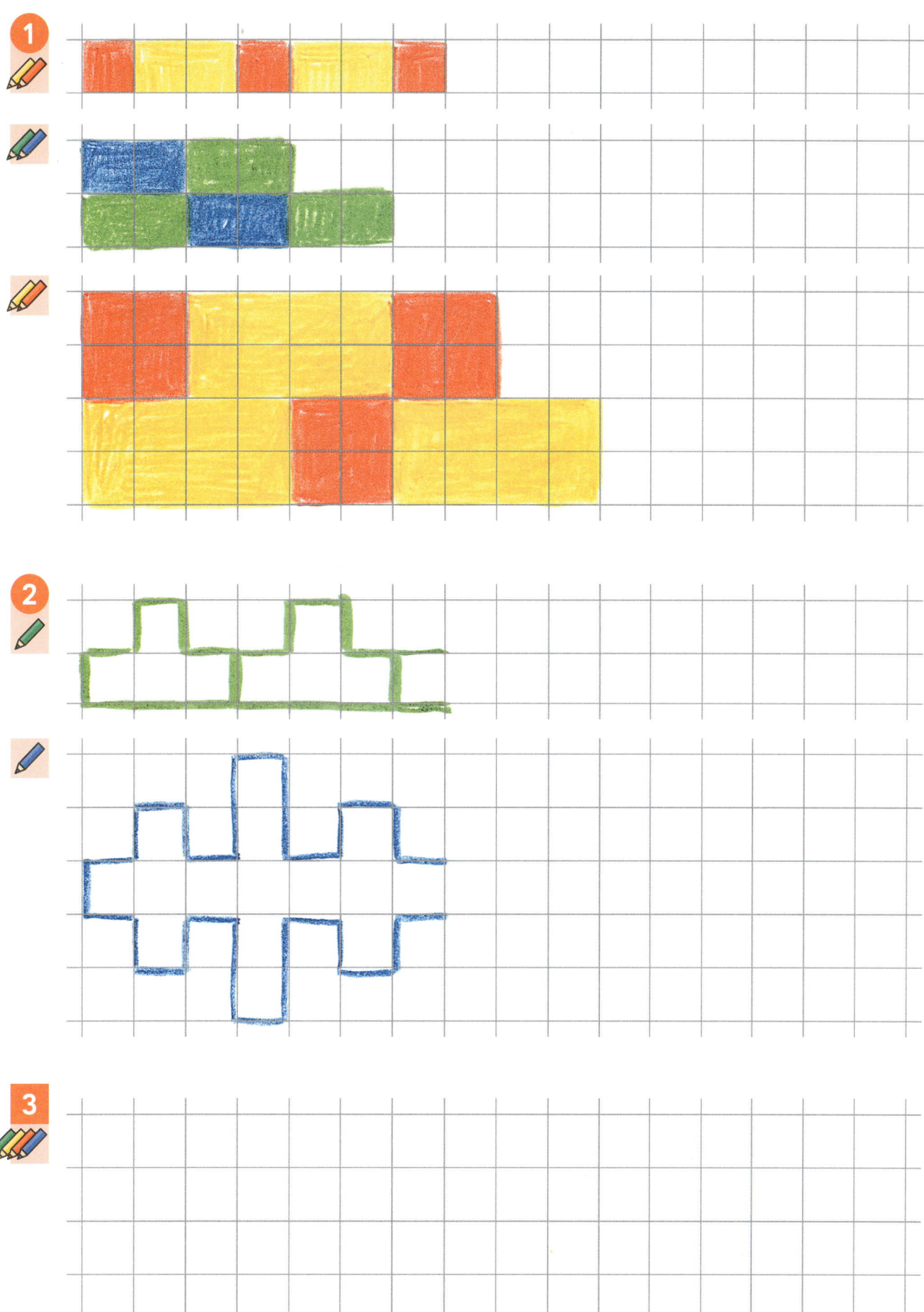

1, 2 Muster fortsetzen.
3 Eigenes Muster malen.
Partnerarbeit: Ein eigenes Muster malen. Das Partnerkind setzt es fort.

G2

23

1 Was sieht Can  links ☒✏️ , was rechts ☒✏️ ?

 ☐    ☐    ☐    ☐    ☐

2 Was sieht Anna  links ☒✏️ , was rechts ☒✏️ ?

 ☐    ☐    ☐

3

Can	✕			
Anna				

Datum: _____

1 Was sieht 🚴 links ☒✏️, was rechts ☒✏️?

☐ ☐ ☐ ☐ ☐

2 Was sieht 🚴 links ☒✏️, was rechts ☒✏️?

☐ ☐ ☐ ☐ ☐

3

	🦆	🏧	🪑	🛶
🚴	✕			
🚴				

Datum: _____

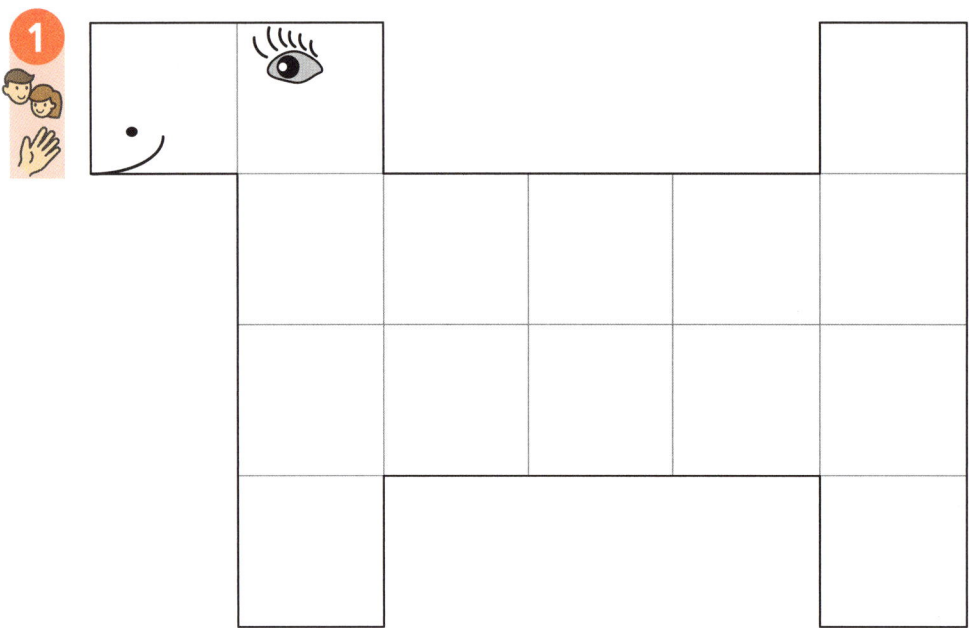

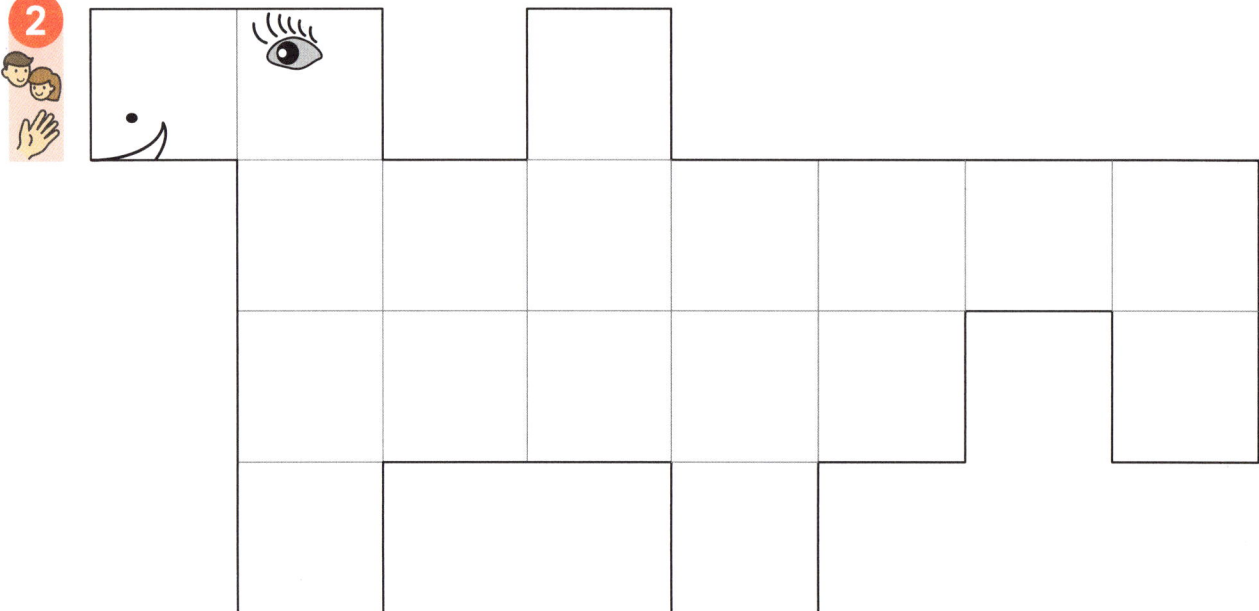

1, **2** Figuren mit den Winkelsteinen auslegen.

Datum: _____

1

2

3

4

Datum: _____

 **1**

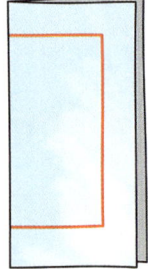  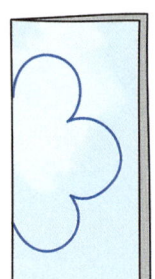 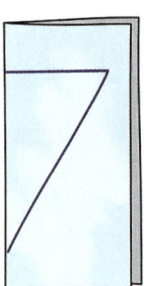

2

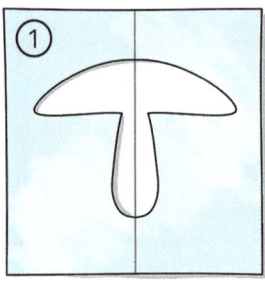 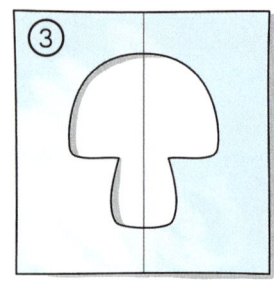 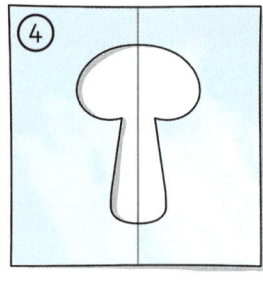

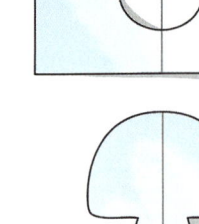

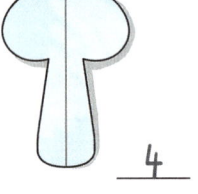 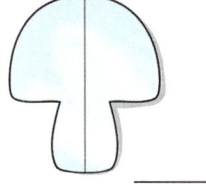 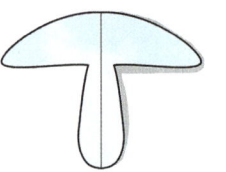 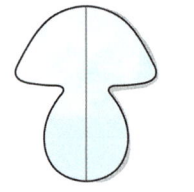

4 ___   ___   ___   ___

3

___   ___   ___   ___

1 Falten, zeichnen und schneiden.
2, 3 Was gehört zusammen? Zuordnen.

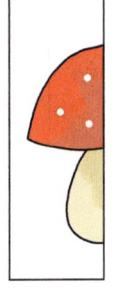     

☐ ☐ ☐ ☐

    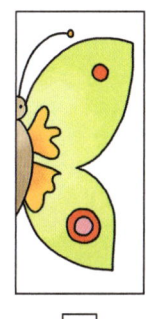 

☐ ☐ ☐ ☐

1, 2 Was gehört zusammen?

Datum: _____

1

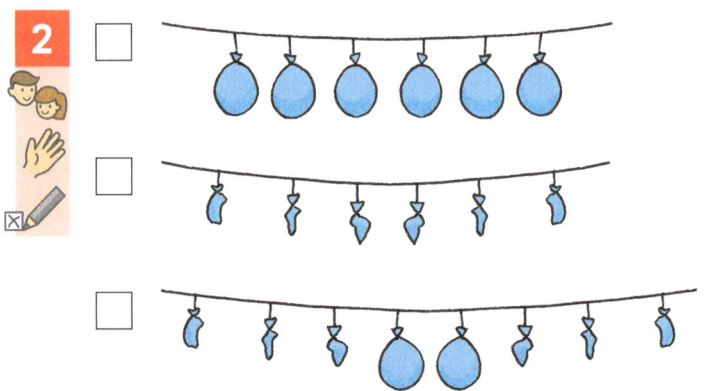

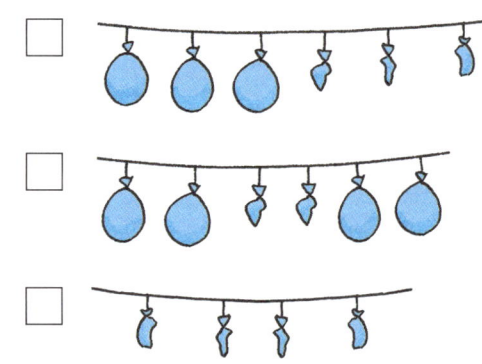

2

1 Mit dem Spiegel experimentieren: verlängern, verkürzen, reparieren, verdoppeln, ...
2 Mit dem Spiegel prüfen, ob die Luftballonkette im oberen Bild durch Spiegeln erzeugt
  werden kann. Passende Bilder ankreuzen.

Symmetrie – Spiegeln

1

   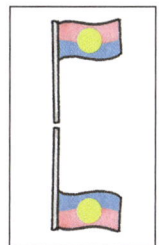   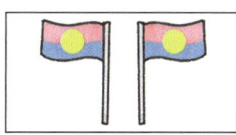   

     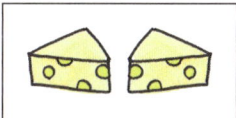      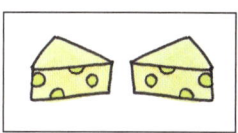

1 Mit einem Spiegel prüfen, ob die Bilder durch Spiegeln einer einzelnen Figur erzeugt werden können. Unpassende Bilder durchstreichen.

1 5 Fehler

2

gelb → blau

blau → braun

braun → gelb

Die erste und die vierte Figur sind _____.

1 Fünf Fehler im zweiten Bild (Betrachterperspektive um 180° gedreht) finden. Die Aufgabe eignet sich im Anschluss an Seite 7.

2 Figur nach Anweisung umfärben. Die Aufgabe eignet sich im Anschluss an Seite 20.

3 Muster fortsetzen. Die Aufgabe eignet sich im Anschluss an Seite 21.
4 Faltschnitte zu den vorgegebenen Figuren einzeichnen. Die Aufgabe eignet sich im
  Anschluss an Seite 28.
5 Verbinden, was zusammengehört. Die Aufgabe eignet sich im Anschluss an Seite 28.

Fachwörter und Redemittel

Links – Rechts

links   rechts

Körper

Würfel

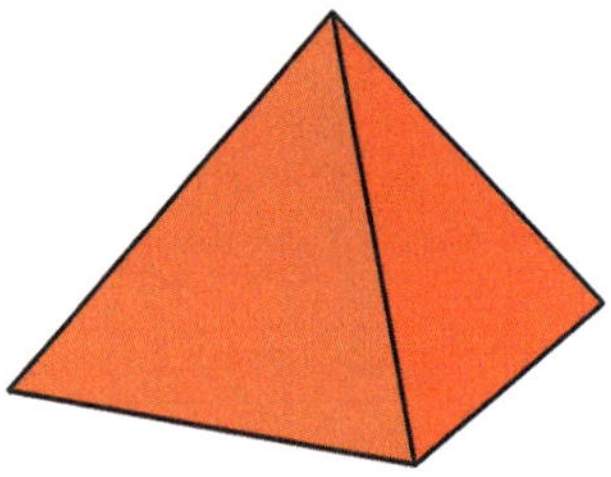

Pyramide

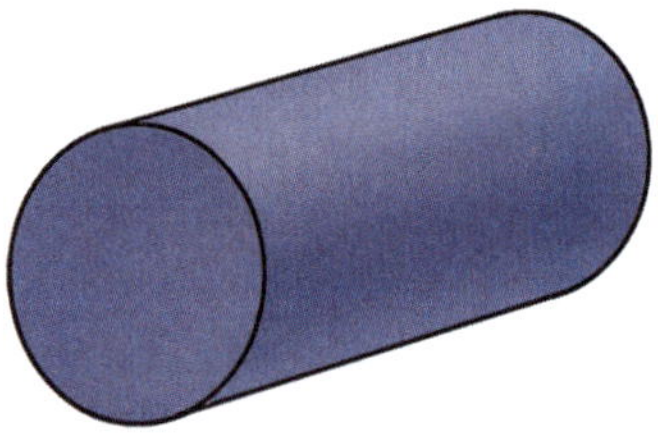

Zylinder

Kugel

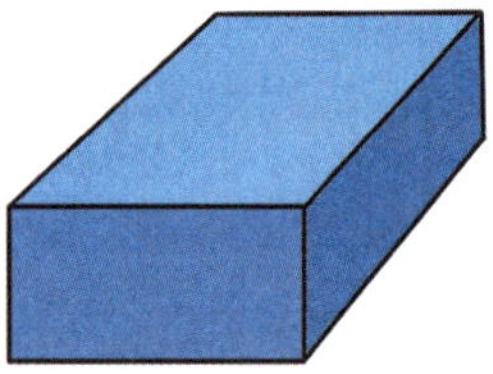

Quader

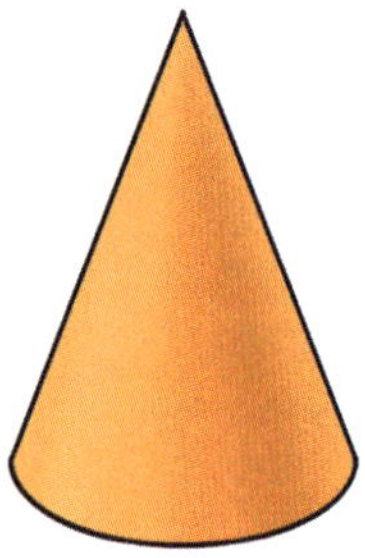

Kegel

Flächen

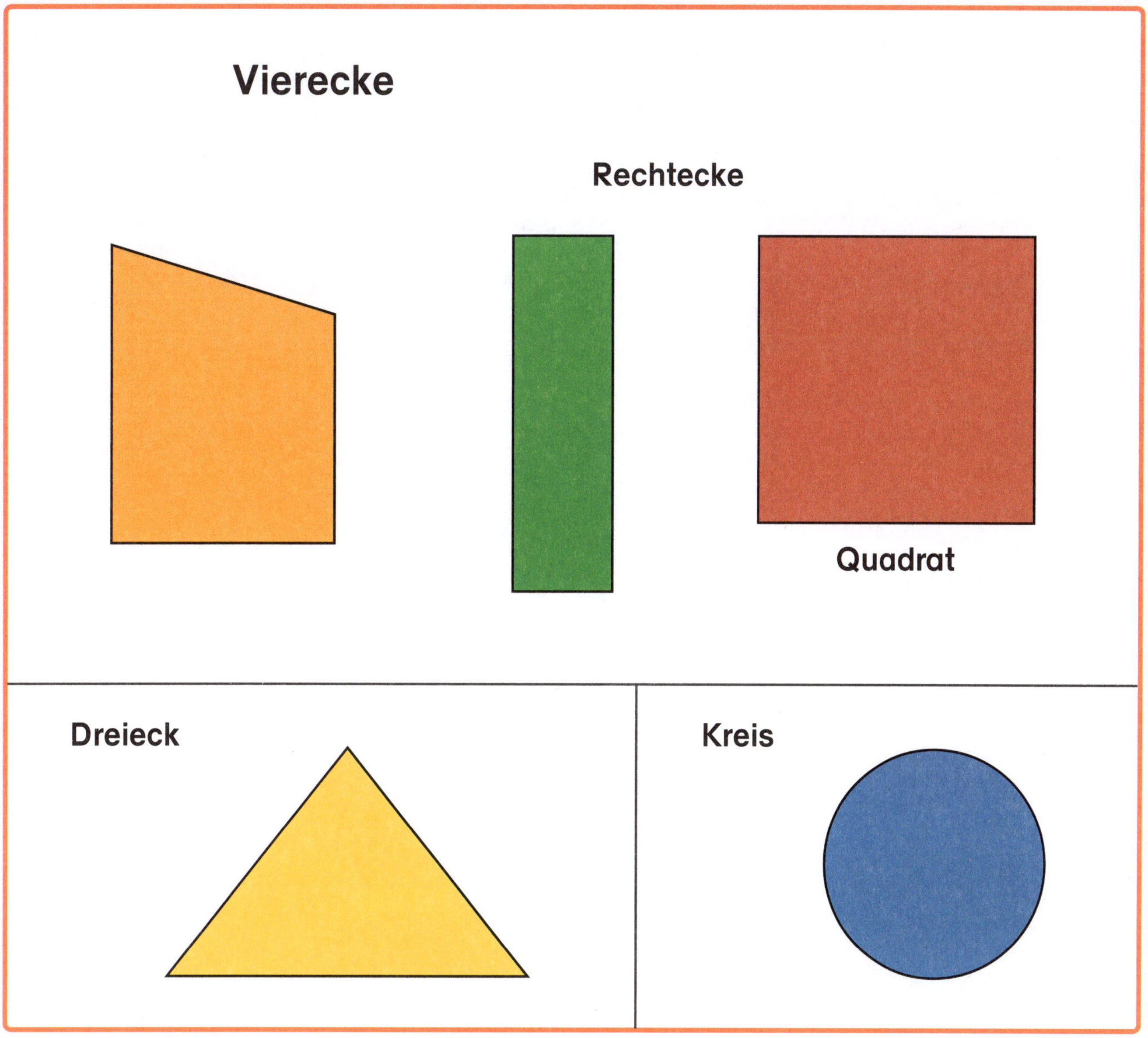

Viereck

Rechtecke

Quadrat

Dreieck

Kreis

Symmetrie

Spiegelbilder

Flex und Flo für das 1. Schuljahr

MATERIALIEN FÜR SCHÜLERINNEN UND SCHÜLER

Rechnen bis 10.. 978-3-14-**118051**-0
Rechnen bis 20.. 978-3-14-**118052**-7
Geometrie 1... 978-3-14-**118053**-4
Sachrechnen und Größen 1............................ 978-3-14-**118054**-1

Lernpaket 1
4 Themenhefte + Beilagen.............................. 978-3-14-**118055**-8
Bibox für Schüler/-innen WEB-14-**118081**

ZUSATZMATERIALIEN
Trainingsheft 1... 978-3-14-**118068**-8
Trainingsheft Interaktiv 1....................................WEB-14-**118095**

Themenhefte inklusiv A
Zahlen bis 10 (A).. 978-3-14-**118407**-5
Rechnen bis 10 (A)... 978-3-14-**118408**-2
Geometrie (A)... 978-3-14-**118409**-9
Sachrechnen und Größen (A)......................... 978-3-14-**118410**-5

Lernpaket inklusiv A
4 Themenhefte + Beilagen 978-3-14-**118406**-8

MATERIALIEN FÜR LEHRERINNEN UND LEHRER

Handreichung 1 .... 978-3-14-**118057**-2
BiBox für Lehrer/-innen 1, *Einzellizenz* WEB-14-**118082**
Kollegiumslizenz WEB-14-**118084**

Kopiervorlagen 1 .... 978-3-14-**118059**-6
Förder-Kopiervorlagen 1 .... 978-3-14-**118061**-9
Forder-Kopiervorlagen 1 .... 978-3-14-**118063**-3
Lernwege-Karten 1.. 978-3-14-**118066**-4
Diagnoseheft 1 .... 978-3-14-**118056**-5
Entdeckerkartei 1 .... 978-3-14-**118067**-1
Winkelsteine, *23 Holzteile* 978-3-425-**13615**-8